Mine de rien, la vie des petits est une aventure passionnante, riche en premières fois, en découvertes, en sentiments souvent intenses. La collection Mine de rien les accompagne, s'adresse aux enfants, à leurs parents et aux adultes référents qui les entourent. À travers les dessins de ®obin, si alertes et tendres, elle met en scène des situations de la vie quotidienne, au plus près des enfants.

Catherine Dolto, accompagnée de son éditrice complice, Colline Faure-Poirée, apporte son savoir unique dans le domaine de l'enfance, elle apparaît en fin d'ouvrage sous les traits de Dr Cat et s'adresse aux enfants, comme si elle était, en face-à-face, dans son cabinet de médecin. Elle pose des mots sur ce qui agite le monde des petits, sur ce qui les trouble et les inquiète. Elle aime dire: «quand on comprend mieux, on grandit mieux.»

MINE DE RIEN

Docteur Catherine Dolto
Colline Faure-Poirée

Si on parlait de la mort

Illustrations de Robin

Gallimard Jeunesse Giboulées

Petits, nous apprenons peu à peu que nous allons mourir, ce n'est pas facile à comprendre, même pour les grandes personnes. La mort, c'est le bout du bout de la vie. C'est un grand mystère.

Les plantes, les animaux, les humains, tout ce qui vit meurt, même les étoiles et les planètes. Les plantes germent, poussent, se reproduisent, puis meurent.

Ensuite, elles se décomposent et se mélangent à la terre, ce qui aide à faire pousser de nouvelles plantes. Le corps des animaux et des humains retourne aussi à la nature.

Quand on est petit, on a l'impression qu'on ne mourra jamais parce qu'on a une très longue vie devant soi. Mais autour de nous, il y a parfois des grandes personnes qui meurent. On supporte mal d'apprendre que ceux que nous aimons peuvent mourir

brusquement, même jeunes, de maladie ou d'accident, et qu'il faudra vivre sans eux. Parfois, nous savons que quelqu'un qui nous est cher est très malade et va mourir. Parler avec lui de sa mort est douloureux, mais s'il en a envie, ça nous aide et ça peut l'aider aussi.

Personne ne sait ce qui se passe après la mort. Comme l'enfant qui va naître ne sait pas ce qui va se passer après sa naissance. Certains pensent que tout s'arrête, d'autres pensent qu'en nous, il y a une partie qui ne meurt jamais, c'est l'âme, qui peut vivre d'autres aventures.

Quand on est mort, le corps reste sans vie, il ne bouge plus, il ne sent plus rien. On le traite alors avec respect, on le couche dans un cercueil, ou on l'enveloppe dans un linceul, puis on creuse une tombe dans le sol d'un cimetière, où on l'enterre. On peut aussi le transformer

en cendres par le feu et les déposer dans une urne, au cimetière. La manière de traiter les morts est très importante pour les humains. Elle est différente selon les coutumes ou les religions.

Aux funérailles, on invite les amis, les parents qui ont connu le mort à une cérémonie d'adieu. Elle est différente selon les religions, parfois très solennelle, parfois très simple. Ceux qui n'ont pas de croyance

religieuse peuvent se réunir pour faire un rituel, allumer des bougies, dire de beaux textes, jouer la musique qu'il aimait, ou chanter. Certains plantent un arbre dans un endroit bien choisi. Ça sera un lieu pour se souvenir de lui. C'est doux de se souvenir des gens qu'on a aimés.

Pour vivre ces moments-là, les parents, les enfants, la famille, les amis se réunissent. Ils peuvent pleurer ensemble, parler de la personne qui a disparu. On peut même rire parfois en se souvenant de moments joyeux ou drôles. On se prend dans les bras, on s'embrasse, on se console les uns les autres. Ça aide à accepter la vie qui continue.

Cacher à un enfant la mort de quelqu'un, lui dire qu'il est parti en voyage pour ne pas lui faire de peine n'est pas une bonne idée. L'enfant attend le retour de celui qui est parti et ne comprend pas pourquoi il ne revient pas. Il se sent abandonné et ça le fait souffrir encore plus. Les enfants ont droit à la vérité. Partager leur chagrin lors des cérémonies d'adieu les aide beaucoup.

Parfois, on pense qu'on n'a pas fait tout ce qu'il fallait pour la personne qui est morte, qu'on lui a caché des choses, qu'on a eu de grosses colères contre elle et que cela l'a fait mourir. Ce n'est jamais vrai. Ces pensées-là peuvent rendre malade. C'est mieux d'oser le dire à ceux qu'on aime et même d'aller en parler

avec quelqu'un dont c'est le métier d'aider les gens qui souffrent, un psychothérapeute ou un médecin.

L'amour ne meurt jamais. Les gens qu'on a aimés restent vivants dans notre cœur tant que nous vivons. Les moments heureux qu'on a vécus ensemble ne s'effaceront jamais. Ils nous accompagneront toute notre vie. Les photos, les films, les lettres qui nous les rappellent nous aident aussi à mieux nous souvenir.

Après la mort d'un être cher, on est malheureux, on a du chagrin. On dit qu'on est en deuil. Peu à peu, ça va mieux, on sent que la vie est là et qu'on a le droit d'être content de vivre et de s'amuser comme avant. L'amour qu'on a vécu avec cette personne nous donne des forces et nous ouvre à l'amour des autres.